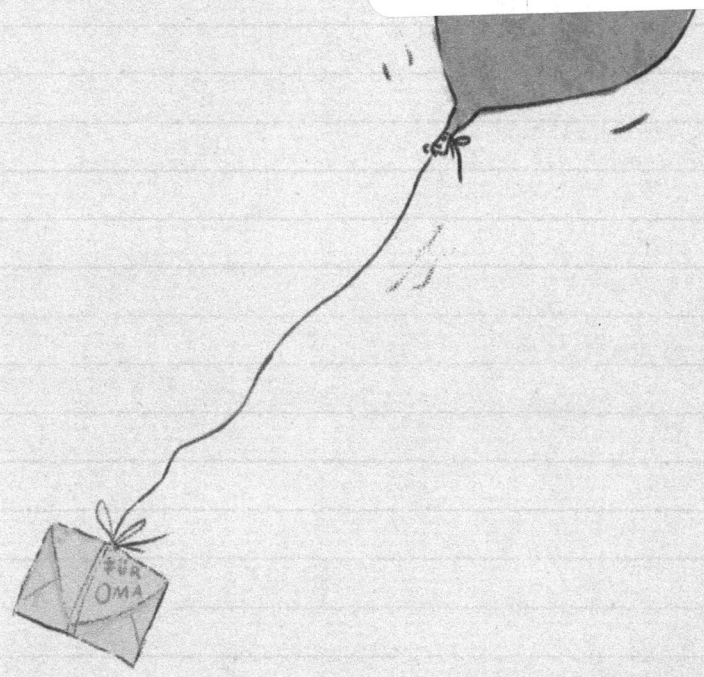

Jutta Nymphius • Volker Fredrich

Pollys Post

TULIPAN VERLAG

Liebe Oma!

Wenn Du diesen Brief bekommen hast, bist Du wohl wirklich im Himmel. Aber eigentlich glaube ich das nicht, auch wenn Mama und Papa das immer sagen. Denn der Himmel ist viel zu weit weg! Sogar mit einer Rakete schafft man es nicht bis ganz dorthin. Und du hast doch immer gesagt, dass Du mich nie alleinlassen würdest!

Aber trotzdem bist Du nicht da! Gestern bin ich acht geworden, Oma, ohne Dich! Ich musste immer an meinen letzten Geburtstag denken. Da haben wir Blaubeeren im Wald gesammelt und dann Pfannkuchen daraus gebacken, weißt Du noch?
Danach hatten wir so rote Zähne wie Vampire. Dieses Mal gab es Apfelkuchen und weiße Zähne. Hast Du das gesehen, Oma, hast Du zu mir runtergeguckt?

Ich habe einen Luftballon geschenkt bekommen, so einen, der fliegen kann. Damit probiere ich jetzt aus, ob Du im Himmel bist. Und wenn ja, melde Dich bitte. Ich warte!

Liebe Grüße

Deine Polly

Der fliegende Brief

Sorgfältig faltet Polly den Brief zweimal in der Mitte. Dann schreibt sie mit dickem Filzstift „An Oma" auf den Umschlag. Sie überlegt einen Moment, dreht den Brief herum und fügt noch „Von Polly" hinzu. Aus der Schublade nimmt sie ein besonders schönes rotes Band und bindet es um das Papier. Probeweise zieht sie daran, aber der Brief sitzt ganz fest und kann bestimmt nicht herausfallen. Zufrieden nickt sie. Jetzt befestigt sie das Ende des Bandes an ihrem neuen Luftballon. Der sieht aus wie ein Herz und ist genauso rot. Wunderschön ist er.

Polly muss schlucken und sich schnell über die Augen wischen. Ein bisschen tut es ihr leid, dass sie Mamas und Papas Geschenk einfach so fliegen lassen soll. Aber dann denkt sie an Oma. Außerdem ruckelt und zieht der Ballon an dem Band, als wollte er unbedingt fort. Also muss es sein.

Entschlossen hält Polly die Schnur mit der einen Hand fest und öffnet mit der anderen das Fenster.

Warme Sommerluft streicht ihr übers Gesicht. Die Sonne ist noch ziemlich hell, obwohl es schon spät ist. Das ist gut, dann kann Oma den Ballon früh sehen. Vielleicht. Aufgeregt streckt Polly den Arm hinaus. Aus irgendeinem Grund traut sie sich dann aber doch nicht loszulassen. Plötzlich hört sie Schritte im Flur. Bestimmt will Mama nach-gucken, ob sie schon im Bett liegt. Sie muss schnell machen! Polly öffnet die Hand. Doch die ist so verschwitzt, dass das Band festklebt! Und die Schritte kommen immer näher!

Mit der anderen Hand löst Polly das Band und endlich beginnt der Ballon seine Reise zum Him-mel. Traurig-froh sieht sie ihm hinterher.

Doch plötzlich kommt ein Windstoß und treibt ihn ...

...zu den Häusern.

Seit 93 Tagen

„Weg da!", brüllt Franz. Laut klingelnd radeln er und seine Freunde ganz knapp an Polly vorbei.

„Hey, du Streberin", ruft Jonas höhnisch.
„Hast du denn schon deine Aufgaben gemacht? Du bist doch Frau Talers Liebling!"

Polly treten Tränen in die Augen, obwohl sie das gar nicht will. Sie kann kaum noch etwas sehen.

„Pass doch auf", schimpft Max und rempelt sie im Vorbeifahren an.

Jetzt fliegt Polly auch noch hin und schlägt mit dem Knie auf. Das tut weh! Überall.

Laut johlend radeln Franz und seine Freunde endlich davon.

Polly beißt die Zähne zusammen und steht auf. Oh nein, das Knie ist ganz blutig! Das Auftreten tut weh. Humpelnd setzt sie ihren Weg fort.

Wenn sie das doch nur Oma erzählen könnte! Denn die würde sie in den Arm nehmen und streicheln. Ganz genau würde sie ihr zuhören und sie trösten. „Der Franz ist wirklich ein blöder Kerl", würde sie vielleicht sagen. „Der ist doch nur neidisch, weil du so klug bist."

Wie von selbst führen Pollys Füße sie zur Glockengasse Nummer 10. Das geht nun schon seit 93 Tagen so.

Wie immer seit 93 Tagen schaut sie zum Fenster im ersten Stock hinauf.

Wie immer seit 93 Tagen stellt sie sich vor, dass Oma dort auf sie wartet und zu ihr herunterwinkt.

Wie immer seit 93 Tagen wird ihr klar, dass nichts mehr ist wie immer: Denn Oma ist gestorben, vor 93 Tagen. Das weiß Polly so genau, weil sie eine Liste führt. Immer, wenn sie Oma vermisst, macht sie einen Strich.

Und sie vermisst sie...

Als Polly jetzt weitergeht, muss sie ihre
ganzen Geschichten mit nach Hause nehmen.
Dort wird sie erst einmal allein sein.

Seit 93 Tagen ist es so: Wenn Polly nach Hause
kommt, schließt sie die Tür auf und sammelt die
Post vom Boden auf. Dann zieht sie sich Jacke
und Schuhe aus und wäscht sich die Hände.
Sie geht in die Küche und deckt für sich und
Mama den Tisch. Sie stellt das Radio mit dem
Kinderfunk an und hört eine Weile zu. Und dann
kommt Mama.

„Ich mache schnell alles warm", ruft sie meist
atemlos, noch während sie durch die Tür geht.
Papa hat das Essen immer schon vorbe-
reitet. Er macht oft etwas, was Polly
sehr gern mag, Pfannkuchen zum
Beispiel. Und Mama beeilt sich auch
immer sehr, um möglichst früh zu
Hause zu sein. Aber trotzdem können Pollys Geschichten nicht immer
so lange warten. Manchmal ist ihr,

als habe sie sie schon heruntergeschluckt. Sie
liegen dann unten in ihrem Bauch und tun weh,
vor allem die von Franz.

Deswegen müssen so wichtige Geschichten
schnell erzählt werden, sonst wird man sie nicht
los. Sie verhaken sich in einem so fest wie Klett-
verschlüsse an Turnschuhen. Wenn Polly am Nachmittag in ihrem Zimmer ist und eigentlich lesen
will, wandern sie in ihren Kopf. Immerzu muss sie
über alles nachdenken, wieder und wieder. Aber
ein guter Rat wie von Oma ist nicht dabei.

Der neue Schulweg

Damit sie nicht lange allein zu Hause ist, lässt
Polly sich jetzt Zeit. Statt direkt nach der
Glockengasse nach Hause zu gehen, biegt sie
ein in das Blumenviertel, *in dem alle Straßen ...*

... wie Blumen heißen.

TULPENWEG

ZUR GOLDEN...

13

HEUTE
ROSINEN
SCHNECKE
5,10 €
...

Güler

OBST & GEMÜSE
NELKENWEG 28

Am Kiosk von Herrn Hase hat Oma ihr oft einen Comic für Kinder gekauft. Manchmal war ein Spielzeug dabei, das sie dann ausprobiert haben. Einmal konnten sie damit riesige Seifenblasen machen! Einige zerplatzten schon beim Pusten. Dann wurde Pollys Gesicht ganz nass und Omas Brille war voller Tropfen.

„Möchtest du nicht noch einen Comic?", fragt Herr Hase Polly jetzt immer. „Ich möchte dir einen schenken." Aber Polly schüttelt den Kopf.

Die Bäckerei „Zur goldenen Brezel" hat himmlischen Nusskuchen! Oma und sie haben ihn oft Mama und Papa mitgebracht und dann selbst aufgegessen. Jetzt geht Polly nicht mehr in die Bäckerei hinein. Manchmal kommt Herr Honig heraus mit einem großen Keks in der Hand. Doch Polly läuft immer nur schnell weiter.

Am liebsten mag Polly das kleine Obst- und Gemüsegeschäft von Frau Güler. Bei ihr gab es immer schon Blaubeeren, noch bevor die im Wald reif waren. Zwar machten die Blaubeeren aus Frau Gülers Laden keine roten Zähne, aber lecker waren sie trotzdem.

Bei schönem Wetter liegt der große Kater Aslan vor Frau Gülers Laden und faulenzt. Sobald er Polly sieht, dreht er sich auf den Rücken. Dann muss sie ihn am Bauch kraulen, ganz sanft. Am Schnurren kann sie erkennen, ob sie alles richtig macht. Wenn nicht, stupst Aslan sie mit der Pfote an. Dann muss Polly es noch einmal anders versuchen. Das geht so lange, bis Aslan zufrieden einschläft.

„Jetzt hast du dir aber ein paar Blaubeeren verdient", lobt Frau Güler sie dann lächelnd. Aber Polly möchte keine.

Nur Oma durfte ihr alle diese Sachen schenken, niemand sonst. „Das ist für mein Goldmädchen, den allergrößten Schatz auf der Welt", hat sie dann immer gesagt. So hat Oma sie genannt: Goldmädchen. Also geht Polly jetzt nach Hause, wie immer seit 93 Tagen.

Aber ab heute wird alles ...

... anders.

Post für die Eiche

Am nächsten Tag rennt Polly von der Schule sofort los. Der Ranzen auf ihrem Rücken hüpft auf
und ab. Aber das merkt sie gar nicht, nur den
Brief in ihrer Brusttasche spürt sie genau! Ein
bisschen steifer ist ihre Bluse dort. Und wenn sie
ihre Hand auf die Tasche legt, knistert es, genau
über ihrem Herzen. Ganz warm und leicht wird
ihr dabei. Ihr ist, als würde sie mitten in Omas
ausgebreitete Arme hineinlaufen!

Hervorholen muss sie den Brief nicht mehr. Sie
kann ihn auswendig, so oft hat sie ihn schon gelesen:

Mein geliebtes Goldmädchen,
   ich bin so glücklich, von Dir zu hören! So sehr habe
   ich Dich vermisst und immerzu an Dich gedacht!
Denn so richtig weg war ich natürlich nicht! Du kannst
mich zwar nicht mehr sehen, aber trotzdem bin ich
immer bei Dir. Das hatte ich Dir doch versprochen!
Deswegen hast Du auch vollkommen recht: Im Himmel

bin ich nicht, der wäre wirklich viel zu weit weg! Schicke
mir also Deine Briefe besser nicht mehr dorthin.
Kennst Du die große Eiche im Blumenviertel? Gut versteckt zwischen den Wurzeln ist ein großes Loch, dorthinein kannst Du Deine Briefe stecken. Dann bekomme
ich sie bestimmt. Du musst mir alles erzählen! Ich bin
so gespannt, Deine Geschichten zu hören!
Bis bald und alles Liebe, Deine Oma

Polly beginnt vor Anstrengung zu schnaufen und
wird langsamer. Aber sie geht immer noch sehr
schnell durch die Rosenstraße. Am Kiosk bleibt
sie heute nicht stehen, dafür hat sie keine Zeit.
Fast hätte sie in ihrer Eile sogar einen Ständer
umgeworfen! Auch im Tulpenweg hält sie nicht
an, obwohl es so gut aus der Bäckerei duftet!
Aber sie hat Wichtigeres vor, da ist nichts zu
machen. Sogar an Kater Aslan geht sie schnell
vorbei, er muss heute ohne sie schnurren.

Endlich ist Polly ...

... an der Eiche angekommen.

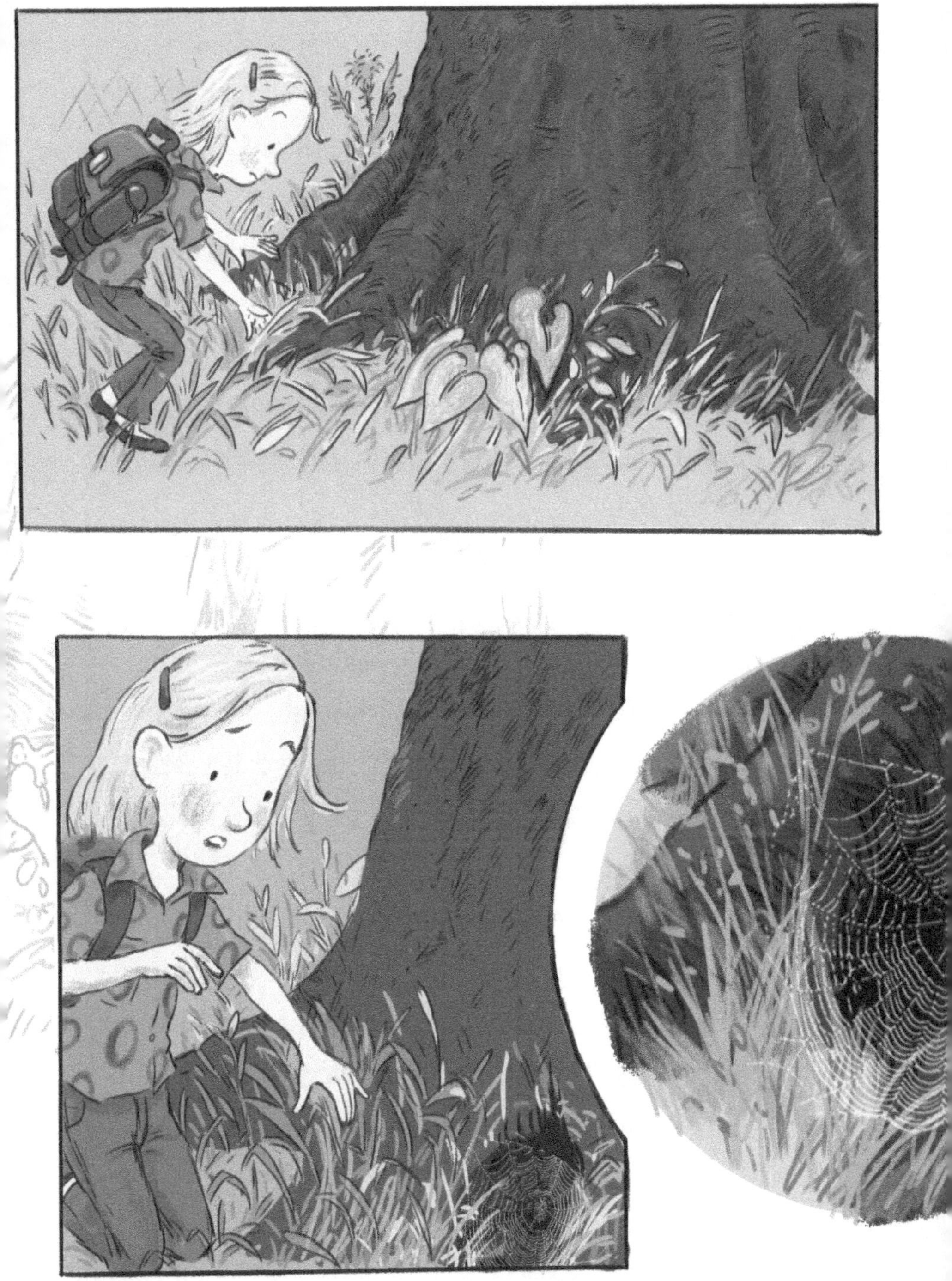

Und jetzt? Soll sie mit der Hand einfach in dieses tiefe, dunkle Loch hineingreifen? Ein Kribbeln läuft über ihren Rücken, wenn sie nur daran denkt. Sie hat doch eine solche Angst vor Spinnen!

Aber es hilft nichts. Der Antwortbrief muss nun einmal dorthinein. Also nimmt Polly den Ranzen ab und holt ihn heraus. Ein letztes Mal liest sie ihn:

Liebe Oma,
ich bin so froh, dass Du Dich gemeldet hast! Endlich! Denn es ist so viel passiert: Ich spiele die Pippi bei der großen Theater-Aufführung vor den Ferien! Vor lauter Aufregung kann ich gar nicht mehr schlafen! Ich muss eine rote Perücke mit Zöpfen aufsetzen, unter der ich furchtbar schwitze. Und ein Draht aus einem Zopf hat mir bei der ersten Probe in den Kopf gepikst, aber dann hat Frau Taler ihn weggemacht. Ich muss ganz viel sagen und bei der Aufführung

muss ich das alles auswendig können! Meinst
Du, das schaffe ich, Oma? Die ganze Schule wird
zugucken und Mama und Papa natürlich auch!
Klar kenne ich die große Eiche im Blumenviertel! Du hast mir doch so oft gesagt, dass sie
noch viel älter ist als Du! Gleich morgen bringe ich
meinen Brief dorthin.
Melde Dich bitte, ich warte! Liebe Grüße
Deine Polly

Ganz aufgeregt wird Polly jetzt wieder, als sie
das liest. Dann fällt ihr etwas ein: Ob Oma bei
der Aufführung auch zugucken wird? Aber von wo?

Seit Omas Brief gibt es zwei Pollys: Die eine
kann einfach nicht glauben, dass wirklich Oma
das geschrieben hat. Tot ist tot und weg ist weg.

Aber die andere Polly könnte platzen vor lauter
Glück! Denn auch wenn sie Oma nicht mehr sehen
und anfassen kann, ist sie plötzlich wieder da!
Diese frohe Polly ist ihr viel lieber.

Also faltet sie hastig den Brief
zusammen und ...

... sucht sich einen Stock.

Schlechte Zeiten für Spinnen

Der nächste Schultag ist der allerlängste der
Welt! Polly kann es kaum erwarten, zur
Eiche zu kommen. Ob Oma ihr geant-
wortet hat?

„Polly, was ist denn heute nur
mit dir los? Die ganze Zeit zappelst
du herum!", schimpft ihre Lehrerin
Frau Taler.

„Bestimmt hat sie dicke, fette
Ameisen in der Unterhose!", ruft
Franz ganz laut.

Noch lauter fangen er und seine
Freunde an zu lachen. Jetzt steht
Franz auch noch auf und wackelt albern
mit dem Po. „Aua, aua!", brüllt er dabei.

Polly bleibt still sitzen. Ganz klein macht
sie sich, am liebsten würde sie unsichtbar werden.
Als schließlich der Gong ertönt, springt sie er-
leichtert auf und flitzt aus dem Klassenzimmer.

„Geh dir mal den dreckigen Po waschen!", ruft Franz ihr hinterher.

Polly läuft noch schneller, damit das Lachen der anderen leiser wird.

Schwer atmend kommt sie schließlich an der Eiche an. Gespannt schaut sie in das Loch. Aber es ist nichts zu sehen. Ohne überhaupt an Spinnen zu denken, greift sie hinein. Da – ein Brief! Ob das noch ihr eigener ist? Nein, ihrer ist auf weißem Papier geschrieben, dieses aber ist gelb! Er muss von Oma sein!

Von nun an bekommt die Eiche richtig viel zu tun. Die Spinnen allerdings nicht. Sie geben es auf, über dem Loch zwischen den Wurzeln noch Fäden weben zu wollen. Diese Mühe lohnt nicht, wenn zweimal am Tag eine Hand hineingreift!

Denn ab jetzt schicken sich Polly und Oma jeden Tag Briefe hin und her. Auf dem Weg zur Schule beginnt Polly zu summen und zu singen, genau wie früher.

Denn endlich kann sie wieder ...

... alle ihre Geschichten erzählen.

Der neue Tommy

„Tommy und Annika, sollen wir heute den welt-
besten Kuchen backen? Kleiner Onkel kann die
Äpfel für uns pflücken. Das heißt, wenn er sie
dabei nicht auffrisst." Stolz guckt Polly ihre
Freundin Mira an, die zufrieden nickt.
„Super, Polly, du kannst den Text!"
Da steht ihre Lehrerin plötzlich in
der offenen Tür. „Kinder, hört mal zu."
Frau Taler seufzt. „Gerade hatte ich einen
Anruf. Leon hat eine schlimme Grippe und
muss zwei Wochen zu Hause bleiben!"
Sehr still wird es jetzt im Klassen-
zimmer. Allen ist klar, was das bedeutet:
Die große Aufführung ist in Gefahr. Denn die
ist in einer Woche und Leon sollte den Tommy
spielen. Und wer kann in so kurzer Zeit so viel
Text lernen?
„Ich!", brüllt Franz und springt auf. „Ich kann
doch der Tommy sein!"

„Du?" Frau Taler guckt zweifelnd. „Meinst du, das schaffst du?"

„Na klar! Gar kein Problem!"

Zögernd nickt Frau Taler. „In Ordnung. Aber du musst jeden Tag üben, hörst du? Das ist wichtig!"

„Keine Sorge, das wird toll." Franz dreht sich zu Polly um und grinst sie breit an.

Was? Mit Franz zusammen soll sie auf der Bühne stehen? Zitternd nimmt Polly einen Stift und beginnt unter dem Tisch zu schreiben:

Oma, es ist etwas Schreckliches passiert: Der gemeine Franz spielt den Tommy! Was soll ich denn nur machen? Er wird mich doch bestimmt ärgern, vielleicht sogar bei der großen Aufführung! Dann hören das alle und lachen mich aus!
Hilfe! Polly

Aber so schnell wird Oma ihr nicht helfen können,
denn schon heute Nachmittag...

Schlimmer als schlimm

Obwohl Polly einen neuen Brief von Oma in den Händen hält, kann sie sich nicht freuen. Sie liegt auf ihrem Bett und ist alles gleichzeitig: traurig, wütend, ängstlich. Da ist kein Platz mehr für Glück. Außerdem hat Oma diesen Brief schon geschrieben, bevor das mit Franz passiert ist. Es kann also noch nicht darin stehen, was sie tun soll.

Aber kann Oma ihr überhaupt helfen? Natürlich! Denn Oma hatte immer gute Ideen! Wie damals, als sie im Krankenhaus lag und nicht zu Miras Geburtstag konnte – da hat Oma einfach alle Kinder mit Kuchen und Geschenken ins Auto geladen und zu ihr gefahren!

Sie muss sich also nur noch bis zum nächsten Brief gedulden. Ein wenig getröstet faltet Polly das Papier auseinander. Aber dann wird alles noch schlimmer. Sie liest:

Schon dein Papa hat als Kind so gern Blaubeeren gegessen! Auch mit ihm bin ich immer in den Wald gegangen, um welche zu sammeln.

Eine ganze Weile starrt Polly auf diese beiden Sätze, die genauso gemein sind wie Franz. Mindestens. Erst kann sie es nicht glauben. Aber dann doch, denn dort steht es ganz deutlich: Oma behauptet, Papa schon als Kind gekannt zu haben. Aber das kann nicht sein! Denn Oma ist die Mama von Mama, nicht die von Papa. Das ist Oma Helga, aber die wohnt weit weg und kommt nur manchmal zu Besuch.

Lügt Oma? Oder wird sie vergesslich? Das passiert manchmal bei alten Menschen, davon hat Polly schon gehört. Doch leider gibt es noch eine andere Antwort. Polly traut sich erst nicht, sie zu denken. Aber dann drängt sie sich von allein in ihren Kopf: Die Briefe sind gar nicht von Oma.

Jetzt ist die ganze Welt ...

... kaputt.

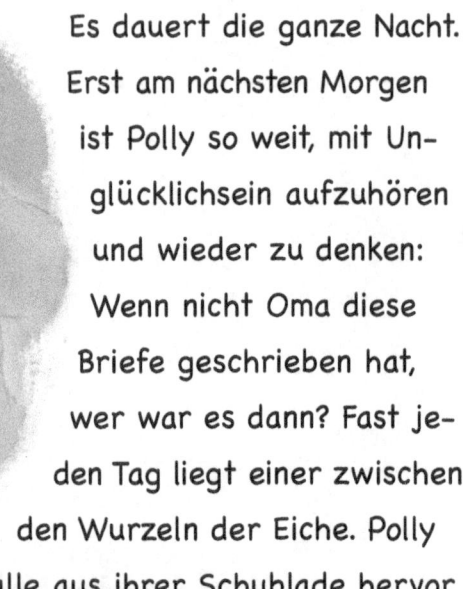

Es dauert die ganze Nacht. Erst am nächsten Morgen ist Polly so weit, mit Unglücklichsein aufzuhören und wieder zu denken: Wenn nicht Oma diese Briefe geschrieben hat, wer war es dann? Fast jeden Tag liegt einer zwischen den Wurzeln der Eiche. Polly holt alle aus ihrer Schublade hervor. Mit der Hand streicht sie über das Papier. Ja, es gibt diese Briefe, sie sind nicht nur ein Traum.

Plötzlich schießt ihr ein schrecklicher Gedanke durch den Kopf: Was, wenn Franz sie geschrieben hat? Und sich mit seinen Freunden über ihre Antworten kaputtlacht? Schnell zieht Polly einen Brief aus dem Stapel. Wie eine Detektivin sucht sie in den Worten nach Spuren von Franz. Aber da sind keine. Im Gegenteil: Diese Briefe sind so lieb und so schön, als würde wirklich Oma mit ihr sprechen und sie dabei auch noch in den Arm nehmen! So kann Franz nicht schreiben, da ist sich Polly sicher.

Genau in diesem Moment fällt ihr ein ganz besonderes Wort auf: Goldmädchen! In fast jedem Brief taucht es auf! Aber wie kann das sein? Es war ein Geheimwort zwischen Oma und ihr!

Wieder überlegt Polly wie eine Detektivin. Den Brief muss jemand geschrieben haben, der sie und Oma einmal belauscht hat. Oma benutzte dieses Wort immer, wenn sie ihr etwas gekauft hatte. In Gedanken geht Polly alle Läden durch, die sie mit Oma regelmäßig besuchte. Ihr fallen die ein, die auf ihrem neuen Schulweg liegen:

1. die Bäckerei „Zur goldenen Brezel" von Herrn Honig
2. der Kiosk von Herrn Hase
3. der Obst- und Gemüseladen von Frau Güler

Aufgeregt starrt Polly auf die Briefe. Jemand von diesen dreien muss sie geschrieben haben! Aber wer?

Sie hat schon eine Idee, wie sie ...

... das herausfinden kann.

Die erste Idee: die Beschattung

Nicht einen Tag länger möchte Polly jemandem Briefe schreiben, der sich Oma nennt und keine ist. Aber es gibt ein Problem: Inzwischen hat sie sich angewöhnt, ihre Briefe schon morgens auf dem Schulweg bei der Eiche zu verstecken. Dann kann sie auf dem Rückweg die Antwort abholen.

Das bedeutet aber, dass „Oma" vormittags kommt. Doch da hat Polly Schule und kann unmöglich die Eiche beobachten!

Soll sie behaupten, sie sei krank? Dann müsste sie zu Hause bleiben. Einfach nicht zur Schule gehen? Dann würde Frau Taler bei Mama und Papa anrufen. Es gibt nur eine Möglichkeit: Sie muss es schaffen, dass der Brief am Nachmittag zur Eiche gebracht wird. Dann hat sie Zeit.

Also geht Polly an diesem Morgen nicht bei der Eiche vorbei, denn ohne Brief kann es auch keine Antwort geben. Erst auf dem Weg nach Hause steckt sie ihn zwischen die Wurzeln. So muss „Oma" am Nachmittag wiederkommen. Und dann kann Polly sie sehen. Oder ihn.

Sofort nach dem Essen kehrt Polly zurück und versteckt sich im Gebüsch genau gegenüber der Eiche. Schließlich kann sie nicht den ganzen Nachmittag einfach so herumstehen, das würde auffallen. In einem günstigen Moment zwängt sie sich zwischen die Zweige. An Spinnen wird sie jetzt lieber nicht denken.

Polly wartet. Sie wartet sehr lange. Viele Leute kommen vorbei, aber niemand bleibt an der Eiche stehen. Sie wartet noch länger. Die Zweige piksen im Gesicht. Ihr Bein beginnt zu kribbeln. Ihr Po schläft ein. Lange hält sie das nicht mehr aus. Doch da! Polly schnappt nach Luft. Kann das wahr sein? Da kommt Herr Honig die Straße entlang, dort hinten tritt Herr Hase aus einem Haus und auch Frau Güler erscheint! Und alle gehen sie auf die Eiche zu! Gleich wird sie wissen, wer „Oma" ist!

Doch es kommt noch einer oder eigentlich zwei.

Beide sind ...

... alte Freunde.

Die zweite Idee: Schriftproben

Zwar hat sich Polly sehr gefreut, Benno und Freddie zu treffen. Aber leider hat dadurch ihr Plan nicht geklappt. Sie braucht einen neuen.

„Mira, deine Schrift sieht aber wirklich schlimm aus! Guck dir mal Pollys an, die kann man viel besser lesen."

Was hat Frau Taler da gesagt? Polly guckt Mira ganz begeistert an, aber die ist beleidigt.

„So schlimm ist meine Schrift doch gar nicht."

„Nein, ist sie nicht, aber anders!"

Nach der Schule geht Polly direkt zum Kiosk von Herrn Hase. „Können Sie mir etwas aufschreiben?", begrüßt sie ihn aufgeregt.

„Äh, was?" Herr Hase guckt ratlos.

Polly überlegt. Sie muss wohl geschickter vorgehen. „Wir üben gerade in der Schule Schreibschrift und sollen möglichst viele verschiedene sammeln."

„Aha, und was soll ich schreiben?"

Das weiß Polly sofort. „Goldmädchen."

„Goldmädchen? Du magst wohl gern Märchen?"

Polly senkt traurig den Kopf. Oma hat ihr oft welche vorgelesen. Doch Herr Hase schreibt bereits schwungvoll das Wort auf den Zettel.

„Danke", ruft Polly, schnappt sich das Papier und läuft schon weiter. Schließlich braucht sie noch zwei weitere Schriftproben.

„Kann das nicht meine Frau machen?", fragt Herr Honig in der Bäckerei. „Ich habe gerade die Hände voller Mehl."

Polly guckt ihn misstrauisch an. Ist das ein Trick? Entschlossen schüttelt sie den Kopf.

„Dann gib her." Mit dem Ellbogen zieht Herr Honig den Zettel heran und kritzelt rasch darauf.

Jetzt fehlt nur noch Frau Güler. „Das mache ich doch gern", sagt diese lächelnd. Polly fällt auf, dass sie mit der linken Hand schreibt wie Oma.

Zu Hause stürmt Polly in ihr Zimmer.

Sie breitet alle Proben aus und legt sie...

…neben einen von Omas Briefen.

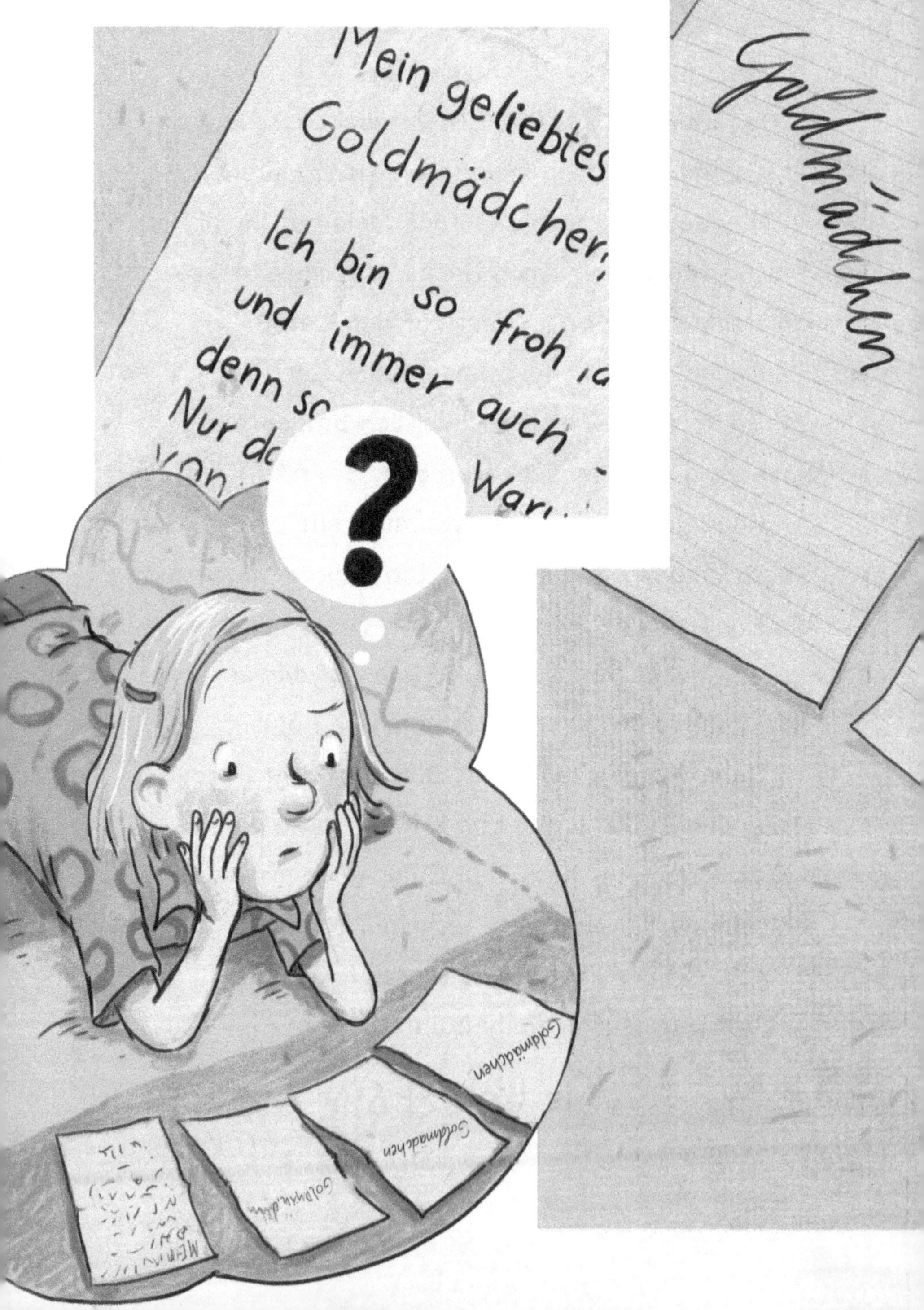

Die dritte Idee: eine Falle stellen

Polly starrt auf die Schriftproben. Sie kann es
kaum glauben: Keine einzige passt!

Ein kleiner Gedanke stiehlt sich in Pollys Herz
und lässt es ganz warm werden. Was, wenn
doch Oma die Briefe geschrieben hat? Wenn sie
noch irgendwo ist? „Niemand verschwindet so
ganz", hat sie oft zu Polly gesagt. „Irgendetwas
bleibt immer." Aber nein, das kann nicht sein.
Wenn man gestorben ist, ist man weg. Das weiß
sie, schließlich ist sie kein Baby mehr. Und doch
hat Oma immer noch so viel Platz in ihr.

Polly schüttelt sich. Sie muss vernünftig sein.
Bestimmt hat jemand der drei einfach nur
die Schrift verstellt.

Das ist schlau. Aber schlau
ist sie auch. Sie muss der
angeblichen „Oma" eine Falle
stellen. Und sie hat auch schon
eine Idee, wie.

Liebe Oma,

weißt du noch, wie wir fast jeden Tag zur Bäckerei „Zur goldenen Brezel" gegangen sind? Ich mache das nach wie vor, auch wenn es ohne Dich nicht mehr so schön ist. Aber Herr Honig verkauft dort noch immer keinen Nusskuchen, stell Dir das mal vor! Dabei haben wir ihm das so oft vorgeschlagen! Wie findest Du das?

Stolz betrachtet Polly ihren Brief mit der Falle. Dann fällt ihr noch etwas ein. Falls doch die echte Oma schreibt, hat sie eine zweite Frage:

Was soll ich denn jetzt mit Franz machen? Es wird immer schlimmer mit ihm! Bei jeder Probe macht er etwas Blödes, zieht an meiner Perücke, versteckt mein Kostüm oder so etwas. Ich habe eine solche Angst vor der Aufführung!

Tief atmet sie durch. Schon morgen wird sie wissen, ob Herr Honig der Briefeschreiber ist.

Und vielleicht weiß sie dann auch, was sie …

Mein liebes Goldmädchen,

du hast bestimmt gehört, warum ich nicht soviel geschrieben habe und nur darum ohne

Es ist ganz einfach: Sei nett zu Franz! Hilf ihm, wenn er dich braucht! Du wirst sehen, das wird alles verändern.

Auch davon habe ich noch gar nicht so letten gehört und auch nicht noch langsam macht. Hat er denn viel mehr gesprochen.

Es gibt immer noch keinen Nusskuchen in der Bäckerei? Das ist aber schade!

Davon will ich aber nicht reden, denn du hast bestimmt auch davon gehört, und darüber machen bestimmt hat er außerdem im

nicht aber

Deine Oma

Was??? Sie soll nett zu Franz sein??? Und das soll alles ändern???

Polly überlegt. Klingt dieser Vorschlag nach Oma? Die war zwar immer lieb zu ihr, konnte aber mit anderen Menschen ganz schön schimpfen.

Polly steht auf und zieht unter ihrem Bett einen Karton hervor. Oder, besser gesagt: ihre Schatzkiste. Die hat sie mit Oma gebastelt. Sie haben sie gemeinsam bunt bemalt und mit Federn beklebt. Darin liegen lauter Erinnerungen an ihre Ausflüge: Muscheln vom Spaziergang am Strand, ein geschnitztes Holzboot, ein besonders schöner Stein und sehr viele Fotos. Die hat Oma mit ihrem Handy gemacht. Polly breitet sie aus und schaut sie sich genau an: Oma lacht viel, hat den Arm um Polly gelegt oder drückt ihr einen Kuss auf die Wange. Ja, sie sieht lieb aus, aber auch stark und energisch. Behutsam verstaut Polly wieder alles in der Schatzkiste und stellt sie unters Bett.

Eines steht jedenfalls fest: Herr Honig schreibt diese Briefe nicht! Denn er hätte doch wohl gewusst, dass es in seiner eigenen Bäckerei Nusskuchen gibt!

Sie muss also weitersuchen. Zwei Personen bleiben noch übrig. Sie beginnt mit Herrn Hase:

Liebe Oma,

bestimmt kannst Du Dich auch noch an den Kiosk von Herrn Hase erinnern, wo Du oft Deine Zeitschrift gekauft hast. Und weißt Du was? Er hat immer noch keine Comics, obwohl wir so oft danach gefragt haben! Wie findest Du das?

Und ich soll wirklich nett zu Franz sein, Oma? Das finde ich komisch. Doch ich kann es ja mal versuchen. Er vergisst bei den Proben sehr oft seinen Text, aber ich kann ihn, sogar seinen! Vielleicht helfe ich ihm da mal.

So, ab mit dem Brief zur Post-Eiche.

Dann wird sie schon bald wissen, ob ...

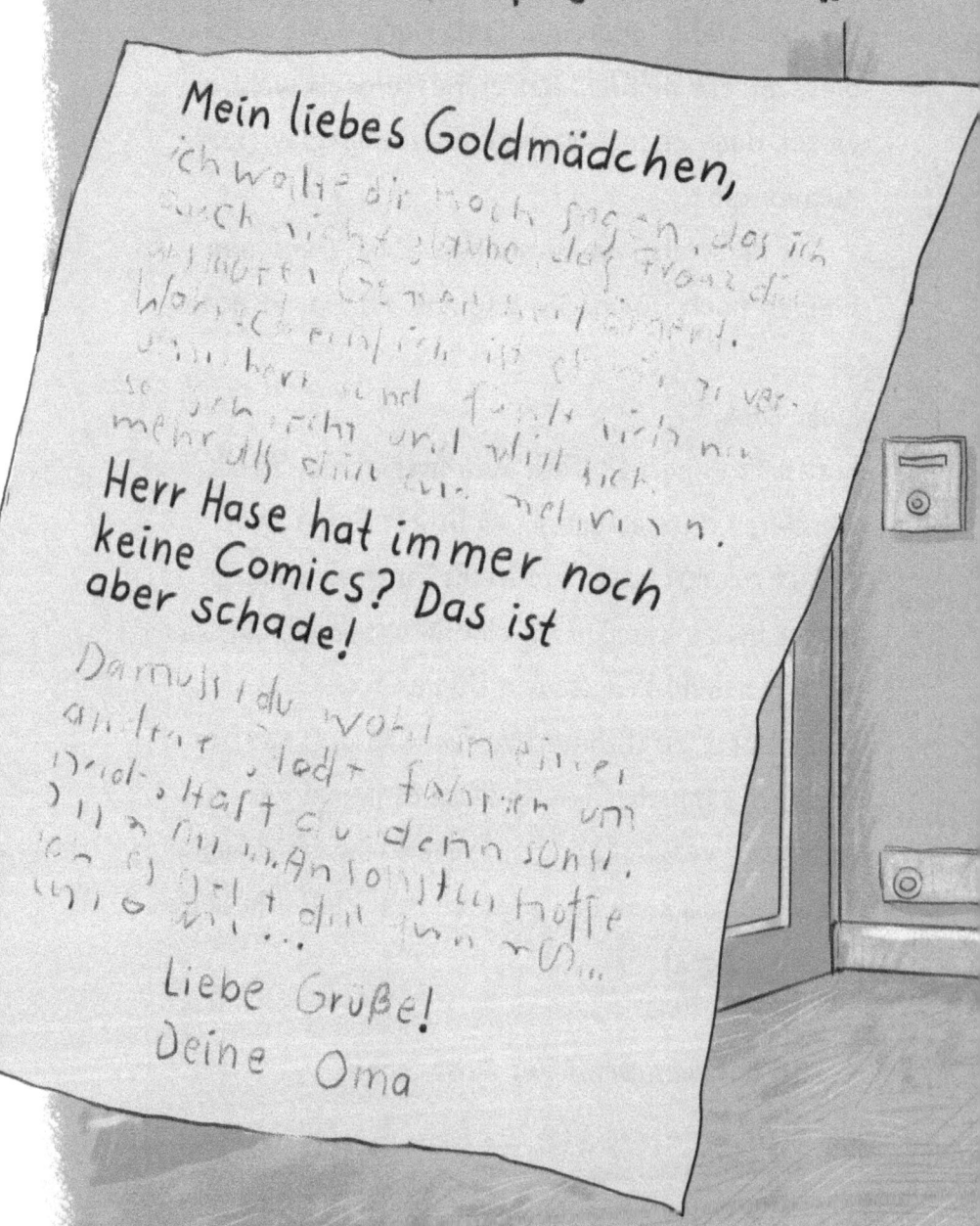

Mein liebes Goldmädchen,

Herr Hase hat immer noch keine Comics? Das ist aber schade!

Liebe Grüße!
Deine Oma

Die Entscheidung

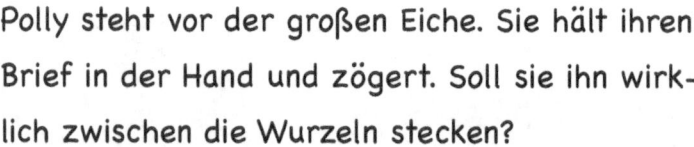

Polly steht vor der großen Eiche. Sie hält ihren
Brief in der Hand und zögert. Soll sie ihn wirklich zwischen die Wurzeln stecken?

Es wird der letzte Brief sein! Denn es steht
fest, dass ihr nicht Herr Hase geschrieben hat.
Er hätte doch wohl gewusst, dass er schon seit
vielen Jahren Comics verkauft!

Also bleibt nur noch Frau Güler. Oder doch
Oma, die nur etwas tüdelig geworden ist?

Polly hat das Gefühl, dass sie sich entscheiden
muss. Zwischen oben und unten, Himmel und
Erde. Sie setzt sich auf den Boden, ganz nah an
die Eiche heran und lehnt sich mit dem Rücken
gegen den dicken Stamm. Das ist ein schönes
Gefühl, als wollte der starke Baum sie beschüt-
zen. Sie blickt hoch. Der Himmel ist blau und die
Sonne scheint. Das ist auch schön.

Polly stellt sich Oma vor. Das ist nicht schwer,
sie kann Oma immer noch vor sich sehen, sie

spüren und sogar riechen. Auch Frau Güler kann
sie sich gut vorstellen. Sie ist genauso klein wie
Oma und lacht ebenso viel. Wenn Polly mit Aslan
gespielt hat, haben sich Frau Güler und Oma oft
unterhalten. Richtig gekichert haben sie zusammen und sich gegenseitig Fotos von ihren Kindern
und Enkeln gezeigt.

Dann hat Frau Güler ihnen Blaubeeren geschenkt.
Oma war oft bei Frau Güler, auch ohne Polly.

Polly legt eine Hand auf die Rinde und strei-
chelt sie. Dann schaut sie wieder hoch in den
Himmel. Vielleicht geht beides?

Liebe Oma, Du kennst doch das Geschäft von Frau
Güler? Wo es das leckere Obst gibt? Und weißt Du
was? Sie hat immer noch keine Blaubeeren!

Bevor sie es sich doch anders überlegen kann,
steckt sie den Brief schnell zwischen die Wurzeln.

Morgen wird sie ...

Mein liebes Goldmädchen,

*[unleserlich] ich will aber artig gehen;
Denn date id so hat eine
Weststand und auch eine
nicht in Holland dein
Braun an daraus erst an!*

Aber Polly, was meinst Du?
Bei Frau Güler gibt es
doch immer frische
Blaubeeren!

*[unleserlich] Junges Ferien an der
Brot Kartio Gier zur
Arbeite Pistol anbei
auch ebenzu dem
ganzen am.*

Alles Liebe
Deine Oma

Doppelte Spannung, dreifaches Wunder

Es gibt Tage, da hört es gar nicht mehr auf mit der Aufregung! So geht es Polly heute. Am Nachmittag erst ist sie bei der Eiche gewesen. Es hat geklappt, ihre Falle ist zugeschnappt! Sie weiß nun, wer die geheimnisvollen Briefe geschrieben hat!

Das allein sorgte schon für ein Riesenkribbeln im Bauch. Doch nun beginnt auch noch in wenigen Minuten die große Aufführung!

Als Pippi muss sie die ersten Worte sprechen. Das schafft sie nie im Leben! So viele Menschen werden sie ansehen!

Doch als der Vorhang langsam aufgeht, geschieht ein Wunder: Ganz ruhig wird sie. Sie sieht Mama und Papa und Frau Taler und findet plötzlich alles nicht mehr so schlimm. Wie von selbst beginnt sie zu sprechen: „Ich bin reich wie eine Zauberin." Und als es nach einer Weile kräftig klopft, ruft sie laut und sicher: „Komm doch herein, lieber Tommy!"

Der gemeine Franz stolpert auf die Bühne.

Aber er sieht gar nicht mehr gemein aus. Eher
guckt er so, als würde er am liebsten davonlaufen.

Polly wartet. Eigentlich muss Franz jetzt etwas sagen. Aber es kommt nichts. Seine Lippen
sind wie zugeklebt. Das ist noch ein Wunder:
Franz hat Angst!

Unauffällig stellt sich Polly hinter ihn und
flüstert: „Wo ist denn dein Koffer mit dem Gold?"

Franz krächzt den Text unsicher nach.

„Und wo ist dein Vater?", hilft ihm Polly weiter.

Auch diesen Satz wiederholt Franz und dann
wird auch er ruhiger und schafft es von allein
weiter.

Der Rest der Aufführung läuft wie ge-
schmiert. Das Publikum jubelt und applaudiert.
Als sich alle zum Schluss gemeinsam verbeugen,
nimmt Franz Pollys Hand und grinst ihr verlegen
zu. Das ist wohl das größte Wunder von allen!

Polly weiß auch schon,
Wem sie morgen ...

...davon erzählen wird.

„Soll ich dir was sagen? Meine Oma weiß gar nicht, wie Papa als Junge war", erzählt Polly Frau Güler. „Das weiß nur die andere Oma, Oma Helga."

„Oh je!" Frau Güler guckt ganz erschrocken.

„Nusskuchen gab es beim Bäcker schon immer. Oma und ich haben ihn oft dort gekauft", erzählt Polly weiter.

„Aha." Mehr fällt Frau Güler dazu nicht ein.

„Und der Kiosk führt schon lange Comics. Oma hat mir fast jeden Tag einen gekauft", fügt Polly streng hinzu.

„Was du nicht sagst", entgegnet Frau Güler leise und räuspert sich verlegen. „Darf ich dir vielleicht eine Schale Blaubeeren schenken?"

Polly zögert, aber nur ganz kurz. „Ja, darfst du", meint sie dann und kichert. „Der Tipp mit Franz war übrigens toll! Ich habe ihm bei der Aufführung geholfen und seitdem ist er viel netter zu mir!"

Jetzt kichert Frau Güler auch. „Das freut mich." Leise fügt sie hinzu: „Weißt du, ich habe mich oft mit deiner Oma unterhalten, auch über dich. Ich habe sie sehr gemocht."

In Polly wird es warm. Froh blickt sie in Frau Gülers liebes Gesicht und nickt. „Jetzt muss ich aber gehen. Ich habe nicht so viel Zeit, ich muss heute nämlich noch einen langen Brief schreiben."

„Genau wie ich", sagt Frau Güler und lächelt.

Bevor **Jutta Nymphius** sich ganz dem Schreiben widmete, studierte sie in Köln und Florenz italienische, deutsche und spanische Literatur und arbeitete viele Jahre als Lektorin für Kinder- und Jugendbücher. Spannend und mit feinem Humor erzählt sie nun ihre im Grunde von ernsten Themen handelnden Geschichten. Sie setzt sich im besonderen Maße für die Leseförderung ein und ist Mitbegründerin der „ElbautorInnen".

Volker Fredrich, geboren 1966 in Mühldorf am Inn (Bayern), hat nach einer pädagogischen Ausbildung Illustration an der FH Hamburg studiert. Er ist Mitbegründer der Ateliergemeinschaft „Atelier 9" in Hamburg und arbeitet seit 1996 als freier Illustrator für verschiedene deutsche Kinder- und Schulbuchverlage. Volker Fredrich lebt mit seiner Frau und zwei Kindern in Hamburg.

Besucht uns auf 📘 **Facebook und** 📷 **Instagram!**

TULIPAN-Newsletter
Tolle Lesetipps kostenlos per E-Mail!
www.tulipan-verlag.de

© **Tulipan Verlag GmbH, München 2024**
Alle Rechte vorbehalten
1. Auflage 2024
Text: Jutta Nymphius
Bilder: Volker Fredrich
Druck: GGP Media GmbH, Pößneck
ISBN 978-3-86429-626-0

FSC
www.fsc.org
MIX
Papier | Fördert
gute Waldnutzung
FSC® C014496

Und noch mehr »Was guckst du ?!«

Jutta Nymphius
Bennos Bestie
»Was guckst du?!«
Mit s/w-Illustrationen
von Volker Fredrich
ISBN 978-3-86429-579-9
€ 13,00 (D)/€ 13,40 (A)

Seit Benno von einem Dackel gebissen wurde, verändert sich die Welt um ihn herum: Sie wird lauter, bösartiger, gefährlicher! Als dann nebenan auch noch ein Hund einzieht, der immer wild bellend gegen den Zaun springt, traut sich Benno nicht mehr aus dem Haus und weigert sich, zur Schule zu gehen! Dann erfährt er, dass der wilde Hund, Freddie, als Welpe misshandelt wurde und eigentlich nur Angst vor Menschen hat. Doch wenn er weiterhin so laut ist und alle Leute erschreckt, muss er zurück ins Tierheim. Aber keiner kann etwas für seine Angst, das weiß Benno genau! Er beschließt, Freddie zu helfen ...